AF229088

I 27
n
2.5187

NOTICE

SUR

MADAME DE MORNAY

ET SUR SES MÉMOIRES.

IMPRIMERIE GÉNÉRALE DE CH. LAHURE

Rue de Fleurus, 9, à Paris

NOTICE

SUR

MADAME DE MORNAY

ET

SUR SES MÉMOIRES

PAR M. GUIZOT.

A PARIS

CHEZ Mme Ve JULES RENOUARD

LIBRAIRE DE LA SOCIÉTÉ DE L'HISTOIRE DE FRANCE

RUE DE TOURNON, N° 6

M DCCC LXIX

NOTICE

SUR MADAME DE MORNAY

ET

SUR SES MÉMOIRES.

Les moralistes se demandent quel est le plus
beau et le plus salutaire spectacle moral que
puisse offrir la vie humaine. Selon quelques-
uns, c'est le spectacle d'un homme vertueux
aux prises avec l'adversité. D'autres s'arrêtent
avec préférence devant le spectacle d'un homme
vertueux à la tête d'une bonne cause et en assurant le triomphe. Il y a un spectacle encore plus
saisissant et plus sain pour l'âme : c'est celui que
donne la vie des créatures d'élite appelées à glo-
rifier l'humanité et qui en même temps subis-
sent, aussi bien que le commun des hommes, ce
continuel mélange des biens et des maux, des
espérances et des mécomptes, des succès et des
revers, des joies et des douleurs, misère incura-

a

ble de la condition humaine. Comment de telles âmes portent ce fardeau, et ne se laissent ni éblouir ou enivrer par l'heureuse fortune, ni irriter ou abattre par les tristesses de la vie, c'est là la plus pénétrante contemplation et la plus sérieuse leçon que présente l'histoire au spectateur sympathique des agitations intimes des âmes, illustres ou obscures.

Un ménage chrétien qui a tenu, sinon une première, du moins une grande place dans l'histoire de France au seizième siècle, M. et Mme du Plessis Mornay sont l'un des plus beaux exemples de la vertu ainsi tour à tour éprouvée par les faveurs et les rigueurs de la destinée, et les supportant tour à tour avec la même joie modeste et la même fermeté résignée. Nés à quelques mois de distance l'un de l'autre [1], au milieu des troubles que soulevait la réforme religieuse dans les nations et dans les âmes, ils en avaient connu, l'un et l'autre, presque dès le berceau, les anxiétés domestiques et personnelles. Jacques de Mornay, seigneur de Buhy, brave, allègre et indépendant gentilhomme, était catholique et « avait en recommandation que ses enfants fus-

―――――

1. Philippe de Mornay était né le 5 novembre 1549, et Charlotte Arbaleste de la Borde (Mme de Mornay) en mars 1550.

sent instruits de même; » mais Françoise du Bec, sa femme, « lui tenait journellement, touchant les abus de l'Église romaine dont elle avait dès lors connaissance, plusieurs bons propos dont il se ressouvint au moment de sa mort, et il ne voulut point tester, disant à sa femme qu'il lui remettait ses enfants et sa maison sous sa conduite, et s'en assurait en elle. » Son fils aîné, Pierre de Mornay, resta catholique; mais son second fils, Philippe, reçut de sa mère des impressions religieuses qui furent comme la préface de sa vie; son éducation à Paris, les amis qu'il y fréquenta, les études classiques, historiques, théologiques, qu'il cultiva dès lors avec passion, changèrent ses impressions premières en conviction réfléchie; il se donna tout entier à la réforme, et il n'avait guère plus de seize ans lorsque l'évêque de Nantes, son oncle, lui ayant dit « que c'était là une opinion qui s'en irait avec l'âge, quand il aurait plus de jugement, » Philippe de Mornay lui répondit : « Monsieur, si c'est une opinion, il n'est que de l'ôter et l'arracher sur l'heure; je suis tout prêt d'être instruit et de vous rendre raison de ma foi[1]. » On ne

1. *Mémoires de Madame de Mornay*, t. I, pages 10-12, 22.

tenta même plus de le ramener à l'Église dont il s'était séparé.

Charlotte Arbaleste de la Borde, qui devait devenir Mme de Mornay, passa son enfance dans les mêmes troubles de la famille et de l'âme. Son père, M. de la Borde, avait d'abord embrassé, puis abjuré la religion réformée. « Plus tard, la paix étant faite, le premier voyage qu'il fit à Paris, il alla en la compagnie où on lui avait fait abjurer ; il leur demanda le livre où ils lui avaient fait signer son abjuration ; ayant le livre, il leur déclara ouvertement et publiquement le regret qu'il avait d'avoir été si traître à Dieu que, pour sauver sa vie, il avait abjuré ce peu qu'il savait de la vérité ; et parlant ainsi à eux, il biffa son seing, disant que, pour le moins, ceux qui sauraient sa faute sauraient aussi, par même moyen, le regret qu'il en avait eu. » Après lui, sa veuve, Mme de la Borde « ne faisait point profession de la religion ; mais elle connaissait en gros qu'il y avait beaucoup d'abus en l'Église romaine, et en désirait la réformation. » Leur fille Charlotte, à l'âge de dix-sept ans et demi, épousa Jean de Pas, seigneur de Feuquères, attaché, dans son enfance, au jeune Dauphin qui devint François II, puis engagé dans la guerre de Picardie, auprès de l'amiral de Coligny. » Là il ouït souvent un cordelier qui, sous son habit, prêchait la vérité; et dès lors il prit goût et commença à connaître les abus de l'Église romaine. Cela lui donna de grands débats en sa conscience, pour l'envie qu'il avait de s'instruire à chercher la vérité; et d'autre part, il se voyait avancé en la cour et sur le point de recevoir des biens et honneurs lesquels il ne pouvait avoir ni espérer s'il faisait profession de la vérité, mais bien au contraire, être banni de France où les feux étaient allumés. Je lui ai souvent ouï dire que, sur ces difficultés et sur le choix qu'il devait faire des deux, il en avait été malade. Enfin il se résolut de quitter la messe et les abus et faire profession de la vérité. Et n'abandonna pas toutefois la cour; et souvent lui et quelques zélés faisaient faire le prêche en la chambre de la Reine [1], mère du Roi, pendant son dîner, étant aidés à le faire par ses femmes de chambre qui étaient de la religion [2].

Ce fut dans ce chaos des esprits et des événements, au milieu de toutes ces hésitations, fluc-

1. Catherine de Médicis.

2. *Mémoires de Madame de Mornay*, t. I, pages 48, 205, 50-52.

tuations, conversions et abjurations alternatives, que naquirent, grandirent et se formèrent M. et Mme de Mornay, deux caractères auxquels nul, de leur temps, ne fut supérieur, et bien peu furent égaux pour les qualités précisément contraires aux vices de leur temps, c'est-à-dire pour la fermeté de la foi, l'unité de la vie et le constant accord entre les croyances et les actions, la pensée, le sentiment et la volonté. En 1572, quand la Saint-Barthélemy éclata, ils étaient encore étrangers l'un à l'autre, et bien loin, l'un et l'autre, d'être ce qu'ils devaient devenir; mais leurs convictions religieuses et leurs résolutions morales étaient déjà assez fortes et assez définitives pour qu'un tel événement, loin de les ébranler, les affermît et en fît la loi de leur âme et de leur destinée. Philippe de Mornay à vingt-trois ans et Charlotte de la Borde à vingt-deux étaient déjà de ceux en qui le spectacle du crime et la perspective du danger ne suscitent que l'indignation et l'obstination de la vertu.

C'est par le récit de la Saint-Barthélemy qu'après quelques pages données aux souvenirs de famille et d'enfance, commencent les *Mémoires* de Mme de Mornay. Et ce récit a ce rare caractère qu'il est étranger à toute passion politique,

à tout esprit de parti ou même de secte; point
de récriminations, de colère ni même de plainte
contre les auteurs des massacres; c'est unique-
ment le tableau des dangers personnels que cou-
rurent, chacun de son côté, d'abord M. de Mornay, puis Mme de Feuquères, et la narration
détaillée de leurs aventures en s'enfuyant ou en
se cachant pour échapper aux meurtriers. Il
semble qu'ils ne furent, ni l'un ni l'autre, pas
très-surpris de telles scènes, et que la persécu-
tion et le meurtre des protestants étaient à leurs
yeux des maux presque naturels et inévitables.
Dans les périlleux incidents qu'ils traversè-
rent alors, ce fut, comme de raison, presque toujours des catholiques qui leur vinrent
en aide et leur fournirent les moyens de se
sauver. Mme de Mornay ne s'en étonne pas, et
s'en montre reconnaissante comme d'un service
signalé mais simple, et qu'en pareille circonstance elle eût aussi rendu à des catholiques.
Cette absence de toute exagération, de tout ap-
pel à des sentiments haineux, cette tranquillité,
cette équité d'esprit au milieu de si hideux spec-
tacles et de si pressants périls, donnent au récit
de Mme de Mornay un caractère de simplicité
et de vérité qui en fait l'un des plus authenti-

ques et des plus instructifs documents de cette effroyable histoire.

Ce n'est pas que Mme de Mornay fût disposée à faire aux catholiques la moindre concession et à faiblir un seul moment dans sa foi; quand elle se trouvait en présence de l'un de ces actes qui étaient considérés alors comme une abjuration de la religion réformée, elle était saisie du même sentiment qui animait les premiers chrétiens quand les empereurs païens leur ordonnaient de sacrifier aux idoles, et elle était, comme eux, prête à affronter le martyre. Après avoir erré quinze jours à travers toute sorte de situations et de dangers, « je remontai sur un âne, dit-elle, et m'en allai à quatre lieues de Melun, chez M. de la Borde, mon frère aîné, que je trouvai en une grande perplexité, tant pour avoir été contraint, pour se conserver, d'aller à la messe, comme étant lors poursuivi pour faire d'étranges abjurations. Nos amis de Paris, sachant que j'étais là et craignant que je le détournasse de faire les dites abjurations, lui donnèrent avis de sa ruine s'il me retenait là sans aller à la messe, de sorte que le dimanche, comme son prêtre était en sa chapelle, il me fit entrer avec lui dedans. Voyant le prêtre, je lui

tournai le dos et m'en allai assez éplorée; mon
frère eût voulu alors ne m'en avoir jamais parlé.
Je pris résolution de n'y faire plus long séjour,
et j'employai la semaine à chercher un charre-
tier pour me conduire à Sedan. J'y arrivai le
jour de la Toussaint, 1er novembre 1572, et à
mon arrivée, je trouvai beaucoup d'amis qui
m'offrirent leurs moyens. Je ne fus pas une
heure à Sedan que je ne fusse habillée en demoi-
selle, et je fus audit lieu jusqu'à notre mariage
de M. du Plessis et de moi, comme il sera dit
ci-après [1]. »

Ce fut en effet bientôt après, et à Sedan où
continua de vivre la jeune veuve de M. de Feuquères, que commença entre elle et Philippe de
Mornay cette affection mutuelle qui aboutit, en
1576, à leur mariage. Petite principauté in-
dépendante et propriété du duc de Bouillon,
l'un des grands chefs de la réforme française,
Sedan était alors le refuge ou le séjour favori
de beaucoup de réformés considérables; M. de
Buhy, frère aîné de Philippe de Mornay, et
leur plus jeune frère, M. des Bauves, s'y trouvaient, comme lui, en même temps que Mme de

____

1. *Mémoires de Madame de Mornay*, t. I, pages 37-46, 57-71.

Feuquères :, « Ils venaient me voir tous les jours, dit Mme de Mornay, et prenaient grand plaisir aux bons et honnêtes propos de M. du Plessis. Toutefois, ayant vécu solitaire depuis l'espace de plus de cinq ans que j'étais veuve, et ayant envie de continuer de même, je voulus, de propos délibéré, sonder son dessein, lui disant comme je trouvais étrange d'aucuns (quelques-uns), suivant la guerre, qui pensaient à se marier en temps si calamiteux. Mais l'en ayant trouvé fort éloigné, et connaissant la bonne réputation en laquelle il était, je pensais que cette hantise (cette habitude de me fréquenter) était à cause du voisinage. Et puis j'avais pris plaisir, depuis que je m'étais retirée à Sedan, pour passer plus doucement ma solitude, en l'arithmétique, en la peinture et en autres études dont quelquefois nous devisions ensemble ; de sorte que je fus bien aise qu'il continuât à me venir voir, et en peu de temps l'affectionnai autant que pas un de mes frères, combien que je ne pensasse point à mariage. » Un voyage que Philippe de Mornay fut obligé de faire à Clèves suspendit, pendant quelques semaines, cette douce intimité ; mais elle recommença à son retour : « Y avait plus de huit mois, dit Mme de Mornay, qu'il ne se passait jour que nous ne fussions deux ou trois heures ensemble; même durant son voyage de Clèves il m'avait écrit. Je projetais lors de faire un voyage en France pour mes affaires, et le voulais avancer afin de nous ôter cette familiarité, pour crainte que j'avais que quelques-uns en fissent mal leur profit. Comme j'étais sur ce pensement, il me déclara l'envie qu'il avait de m'épouser, ce que je reçus à honneur; et toutefois lui déclarai qu'il ne pouvait entendre ma volonté que premièrement je ne susse par lettres la volonté de Mlle de Buhy sa mère et de M. de Buhy son frère, pour être assurée par eux qu'ils eussent notre mariage pour agréable. Mlle de Buhy était en Bourbonnais, et M. de Buhy, qui avait pris les armes pour les troubles qui continuaient en France, était gouverneur de Saint-Liénart[1] en Limosin. M. du Plessis envoya un de ses gens exprès, et eut réponse de mademoiselle sa mère et de M. de Buhy son frère, telle qu'il demandait, avec lettres qu'ils m'écrivaient, m'assurant que, si Dieu permettait ce mariage, ils l'auraient pour agréable et qu'ils le désiraient...... Après avoir répondu à M. du Plessis comme je m'estimerais heureuse si

---

1. Saint-Léonard, près de Limoges.

Dieu permettait que la chose se trouvât agréable à ceux desquels je dépendais, je lui demandai temps, avant que de lui déclarer ma résolution, d'en écrire à Mlle de la Borde ma mère et à mes parents afin d'en savoir leur volonté. Ainsi je leur en écrivis à tous comme de chose que j'affectionnais, et en laquelle, toutefois, je ne passerais pas outre sans leur permission. Aussi en demandai-je conseil aux parents de feu M. de Feuquères, mon mari, et autres de mes amis; en sorte qu'il se passa du temps assez, tellement qu'il était le mois de juin 1575 quand nous eûmes réponse de tous. Dieu nous montra tellement qu'il avait ordonné notre mariage pour mon grand bien que nous eûmes un consentement réciproque de tous ceux à qui nous le demandâmes; ceux qui connaissaient M. du Plessis m'estimaient heureuse de cette rencontre et me conseillaient de me diligenter; les autres, qui ne le connaissaient pas, s'en remettaient à moi. Ainsi, ayant eu de part et d'autre un consentement des nôtres respectivement en notre mariage, nous avisâmes ensemble de dresser quelques articles auxquels nous n'appelâmes aucun avocat. Lesquels articles furent ainsi envoyés à Mlle de Buhy, sa mère, pour les

approuver et ratifier, qui envoya une procura-
tion, mot pour mot, ratifiant le tout; sur laquelle
notre contrat de mariage fut dressé et passé par
les notaires de Donchery, ville assise sur la Meuse,
en France, à une lieue de Sedan. Or, durant ces
allées et venues, il se passait du temps; et plusieurs à Sedan, voyant que M. du Plessis conti-
nuait toujours à me venir voir, commençaient à
croire qu'il pensait à m'épouser; quelques-uns
aussi lui parlaient d'autres mariages de filles
riches et héritières, et eussent bien désiré le pouvoir détourner de moi pour le faire penser ail-
leurs, voyant, outre les grâces qu'il avait reçues
de Dieu et avec lesquelles il était né, qu'il était
pour parvenir plus haut; mais il ne voulut,
depuis qu'il m'eut ouvert la bouche, jamais entendre à autre proposition qu'on lui fît. On lui
offrit même, pour sentir s'il pensait à moi, de
lui faire voir tout mon bien à (selon) la vérité,
tant par mon contrat de mariage que celui des
partages de la succession de feu M. de la Borde,
mon père; mais il fit réponse que, quand il
voudrait en être éclairé, il ne s'en adresserait
qu'à moi-même, et que le bien était la dernière
chose à quoi on devait penser en mariage; la
principale était les mœurs de ceux avec qui l'on

avait à passer sa vie[1], et surtout la crainte de Dieu et la bonne réputation. »

Ainsi s'accomplit, entre ces deux personnes, excellentes et rares, une union aussi excellente et presque aussi rare qu'elles-mêmes, car elle dura trente ans sans être altérée par aucune des épreuves de la vie, ni refroidie par la durée. C'est un charmant spectacle que celui du premier bonheur de deux créatures qui, devant Dieu et devant les hommes, se donnent l'une à l'autre parce qu'elles s'aiment, et portent une égale confiance à leur bonheur et à leur amour. Les poëtes et les moralistes ont raison de se complaire à peindre cette lune de miel de la vie : « S'il est dans l'univers, dit Mme de Staël, deux êtres qu'un sentiment parfait réunisse et que le mariage ait liés l'un à l'autre, que tous les jours, à genoux, ils bénissent l'Être suprême; qu'ils voyent à leurs pieds l'univers et ses grandeurs; qu'ils s'étonnent, qu'ils s'inquiètent même d'un bonheur qu'il a fallu tant de chances diverses pour assurer, d'un bonheur qui les place à une si grande distance du reste des hommes. » Les jeunes et heureux mariés ne suivront certai-

---

1. *Mémoires de Madame de Mornay*, t. I, pages 83-89.

nement pas le conseil de Mme de Staël; l'in-
quiétude n'est pas compatible avec l'élan du
premier bonheur; mais, parmi les spectateurs
qui y assistent qui ne s'en inquiéterait pour
eux? Qui ne connaît les vicissitudes et les amertumes de la vie, et les altérations plus ou moins
profondes qu'elles apportent si souvent dans
les relations les plus intimes? L'imperfection
des choses humaines, mêmes des meilleures, finit presque toujours par se révéler, et après de
longues années, le bonheur, même quand il
reste réel, a presque toujours des lacunes et de
petites tristesses que les heureux prennent soin
de cacher. Aux paroles que je viens de citer,
Mme de Staël ajoute cette anecdote : « J'ai vu,
dit-elle, pendant mon séjour en Angleterre, un
homme du plus rare mérite uni depuis vingt-
cinq ans à une femme digne de lui; un jour, en
nous promenant ensemble, nous rencontrâmes
ce qu'on appelle en Angleterre des *Gipsies,* des
bohémiens errant au milieu des bois, dans la
situation la plus déplorable; je les plaignais de
réunir ainsi tous les maux physiques de la nature : « Eh bien, me dit M. L****, si, pour passer
ma vie avec elle (me montrant sa femme), il avait
fallu me résigner à cet état, j'aurais mendié

depuis trente ans, et nous aurions encore été bien heureux. — Oui, certainement, s'écria la femme, les plus heureux des êtres[1]. » Je ne doute pas plus de la vérité du fait que de l'exactitude du récit; Dieu ne veut pas que ce bonheur suprême, qui résiste et survit aux imperfections de la nature comme aux épreuves de la destinée humaine, soit inconnu des hommes; mais il est, à coup sûr, le plus rare don qu'ils puissent obtenir de la faveur divine, et ce don n'échoit qu'à ceux qui, en le méritant par leurs vertus, savent le défendre contre leurs propres faiblesses.

M. et Mme de Mornay ont eu cet admirable privilége. Ils se sont connus jeunes encore et pourtant déjà familiers avec l'expérience et le fardeau de la vie; ils se sont aimés et unis à la fois par penchant et par choix, avec réflexion et avec abandon; ils ont éprouvé ensemble, dans l'État et dans l'Église, sous les yeux du public et dans le secret du foyer domestique, les fortunes les plus diverses, les plus nobles satisfactions et les plus cruels déchirements de l'âme; après avoir longtemps et glorieusement lutté pour

---

1. OEuvres de Mme de Staël; — *De l'influence des passions,* t. III, p. 123.

le succès de la Réforme en France, ils ont vu leur cause toucher au triomphe, et tout à coup ils ont passé d'un succès qu'ils avaient peu espéré à une défaite qu'ils trouvaient aussi injuste que déplorable; leur chef et leur héros, le chef et le héros des protestants français, Henri IV est devenu roi; mais pour devenir roi, il s'est fait catholique; du Plessis-Mornay avait été son plus influent, son plus intime conseiller; à l'intimité a succédé une quasi disgrâce; il a fallu vivre dans la retraite de Saumur après avoir puissamment pris part au gouvernement de la Navarre et à la conquête de la France. Et les services du père n'ont pas même pu obtenir au fils, à son fils unique, le commandement d'un régiment français pour aller servir en Hollande la cause de la Réforme, tant Henri IV avait peur d'offenser ses nouveaux alliés catholiques en traitant bien ses anciens amis protestants! Tant Sully avait peur que le crédit de Mornay auprès du roi ne vînt inquiéter et affaiblir le sien! Je passe de la vie politique à la vie domestique. M. et Mme de Mornay en avaient connu toutes les joies et toutes les espérances; ils avaient eu cinq filles et quatre fils; des cinq filles deux sont mortes enfants; ils ont marié les trois autres aussi heureusement qu'honorablement, dans les familles les plus considérées de la Réforme française. De leurs quatre fils, un seul leur était resté, un second Philippe de Mornay, jeune homme excellent et charmant, vaillant et pieux, tendre et respectueux, instruit et modeste ; il avait voyagé avec fruit en Hollande, en Italie, en Allemagne, rendant à son père et à sa mère un compte sérieux de ses courses et de ses observations européennes ; rentré en France, il servait en volontaire dans l'armée du prince Maurice de Nassau ; le 25 octobre 1605, à peine âgé de 26 ans et déjà blessé d'un coup de pied de cheval, il montait à l'assaut de la ville de Gueldres, s'appuyant sur les bras de deux fidèles serviteurs, braves soldats comme lui ; il fut frappé d'un boulet en pleine poitrine, et tomba sans jeter un seul soupir : « J'ai perdu la plus belle espérance de gentilhomme de mon royaume, dit Henri IV en apprenant sa mort, j'en plains le père, et faut que je l'envoye consoler ; autre père que lui ne pouvait faire une telle perte. » Mais qu'est-ce que la sympathie d'un roi auprès de la douleur d'une mère? « Un jeudi, 24 novembre, sur le soir, dit Mme de Mornay, M. du Plessis sachant bien qu'il ne pourrait déguiser son visage, se résolut qu'il fallait mêler nos douleurs ensemble, et d'entrée : — Ma mie, me dit-il, c'est aujourd'hui que Dieu nous appelle à l'épreuve de sa foi et de son obéissance ; puisqu'il l'a fait, c'est à nous à nous taire ; — auxquels propos, douteuse jà que j'étais et alangourie de longue maladie, j'entrai en pamoison et convulsions ; je perdis longtemps la parole, non sans apparence d'y succomber ; et la première qui me revint fut : — La volonté de Dieu soit faite ! nous l'eussions pu perdre en un duel, et lors, quelle consolation en eussions-nous pu prendre? — Le surplus se peut mieux exprimer, à toute personne qui a sentiment, par un silence ; nous sentîmes arracher nos entrailles, retrancher nos espérances, tarir nos desseins et nos désirs ; nous ne trouvions un long temps que dire l'un à l'autre, que penser en nous-mêmes, parce qu'il était seul, après Dieu, notre discours, notre pensée ; nos filles, nonobstant la défaveur de la Cour, heureusement mariées, et mises avec beaucoup de peine hors de la maison, pour la lui laisser nette. Désormais toutes nos lignes partaient de ce centre et s'y rencontraient, et nous voyions qu'en lui Dieu nous arrachait tout ; sans doute pour nous arracher ensemble du monde, pour n'y tenir plus à rien, à quelque heure qu'il nous appelle, et entre ci et là,

estimer son Église notre maison, notre famille
propre, convertir tout notre soin vers elle [1]. »

En apprenant la fatale nouvelle, du Plessis-
Mornay s'était écrié : « Je n'ai plus de fils, je n'ai
donc plus de femme. » Sa douloureuse prévoyance
ne le trompait pas ; six mois après la mort de son
fils, Mme de Mornay succombait, hors d'état de
porter plus loin le fardeau qu'elle subissait sans
murmure. « Le 7 du mois de mai 1606, jour de
dimanche, ayant été au prêche, elle commença
incontinent après dîner à se sentir mal, ce que
toutefois elle voulut forcer, à cause d'une sienne
femme de chambre qu'elle mariait ce jour-là ;
même après le dîner, elle voulut aller au catéchisme; le mal néanmoins la pressant, elle s'arrêta,
passa l'après-dînée en ses méditations ordinaires,
dans son cabinet, et M. du Plessis étant de
retour du catéchisme, elle lui dit qu'elle désirait tracer quelque mémoire concernant la nour-
riture et instruction de ses petits-enfants, pour
laisser à ses filles, et qu'elle le priait de le re-
voir quand elle l'aurait fait et d'y ajouter ce qu'il
verrait être à propos, ce qu'il lui promit volon-
tiers, et peu après elle se mit au lit. Le dimanche

1. *Mémoires de Madame de Mornay*, t. II, p. 108.

suivant au soir, 14 mai, on vint éveiller M. du Plessis qui s'était jeté sur un lit pour prendre un peu de repos, car jour et nuit il ne l'abandonnait point, et on l'avertit qu'elle s'abaissait fort; il entra aussitôt en sa chambre, résolu de ne lui rien céler, car souvent elle lui avait dit qu'elle voulait savoir sa fin, pour rendre, par la grâce de Dieu, confession de sa foi jusqu'à son dernier soupir. Approchant d'elle, il commença à l'embrasser et à lui dire, non sans un grand contre-cœur, qu'il ne fallait plus penser qu'à Dieu, ce qu'elle entendit incontinent. Et lors elle dit à M. du Plessis qu'après la connaissance de son salut en Jésus-Christ, elle n'avait de rien tant remercié Dieu que de l'avoir donnée à lui, que Dieu voulait encore se servir de lui, et qu'il ne fallait pas que, par la tristesse qu'il recevait de sa mort, il se rendît moins utile à son Église;.... Cela avec une voix forte, des paroles si solides et des textes de l'Écriture qu'elle entendait si à propos que jamais on ne lui avait vu ni l'esprit plus entier, ni la mémoire plus ferme.... Elle demanda qu'on avisât comment on ferait savoir la nouvelle de sa mort à ses filles, surtout à Mme de Fontenay laquelle était près d'accoucher; elle requit M. du Plessis de ce qu'elle désirait pour ceux et celles qui l'avaient servie, et leur dit adieu à tous, à Mlle de la Robinière spécialement en ces mots : « Bonne femme, vous craignez la mort; nous allons à Dieu ; il ne la faut pas craindre. » En toute cette agonie, M. du Plessis ne l'abandonna point, et quand, ou pour prier Dieu pour elle, ou crevé de douleur, il se retirait en quelque coin de la chambre, elle le demandait et aussitôt lui tendait la main, témoignant par quelque mot que la douleur qu'il ressentait pour elle lui était plus sensible que la sienne propre. Il la recommandait à Dieu avec très-ardentes paroles, et il la pria aussi de prier pour lui en ses dernières heures, puisqu'il était réduit à lui survivre. Elle rendit son âme à Dieu le 15 mai, entre cinq et six heures du matin, et fut son corps, le mardi suivant 16 mai, déposé près de celui de son fils, au lieu à ce destiné qu'elle avait fait acheter et bâtir avec grand soin, portée partie par les honnêtes gens de la famille et garnison, partie par les anciens de l'Église réformée de Saumur, qui s'y vinrent volontairement offrir à cet office, la pleurant tous comme mère, et secondés en ce regret, sans distinction de religion, de tous ceux de la ville[1]. »

---

1. *Mémoires de Madame de Mornay*, t. II, p. 120.

Quinze ans après la mort de sa femme, au mois de mai 1621, du Plessis Mornay était encore gouverneur de Saumur, l'une des places de sûreté accordées aux protestants, et qu'il avait toujours gardée avec une égale fidélité envers le Roi et envers son Église. Mais la situation de la ville de Saumur et de son gouverneur devint, à cette époque, compliquée et difficile ; une grande insurrection éclata dans le protestantisme français ; l'assemblée générale des réformés, réunie à la Rochelle, méditait, préparait, commençait la guerre civile. En vain les plus judicieux et les plus honorés des anciens chefs protestants, je n'en nommerai que deux, Sully et Mornay, s'efforçaient d'arrêter de tels desseins et de contenir les réformés français dans d'efficaces conditions de sécurité et de liberté ; leur influence échoua contre les passions populaires du parti et l'ambition des jeunes chefs ; l'Église réformée aspirait à réformer l'État ; la guerre s'engagea ; Louis XIII se mit en marche pour aller assiéger la Rochelle. Saumur était sur sa route. Fallait-il, au début d'une telle guerre, laisser une telle place entre les mains d'un gouverneur protestant ? Si Louis XIII et son favori le connétable de Luynes avaient bien connu Mornay, et s'ils avaient été

capables de le comprendre, ils n'auraient pas
hésité à le maintenir dans son poste et à le charger de maintenir Saumur sous l'autorité royale;
c'eût été mettre au grand jour les dissentiments
intérieurs des réformés; et pour s'acquitter de
son devoir à la fois envers son Roi et envers son
Église, Mornay eût sans nul doute affronté la
colère des meneurs et du peuple de son parti.
Le médiocre et méfiant esprit de Louis XIII et
de ses conseillers en jugea autrement; le Roi et
sa suite commencèrent par entrer, de fait, le
11 mai 1621, dans la place et s'y établir; puis ils
essayèrent, sur Mornay, de la séduction; on lui
offrit le bâton de maréchal de France et cent
mille écus, d'autres disent un million, pour le
décider à donner sa démission du gouvernement
de Saumur. Sur son brusque refus, le Roi rédui-
sit ses prétentions; il demanda seulement à Mornay de lui remettre momentanément la place,
en s'engageant à la lui rendre telle quelle au
bout de trois mois. La garnison et la population
protestante voulaient résister; Mornay s'y op-
posa, ne trouvant ni l'insurrection générale lé-
gitime, ni la résistance locale possible; « il faut,
dit-il, se commettre à la foi du Roi. » La pro-
messe royale fut écrite. Mornay sortit de Sau-

mur le 18 mai avec sa famille, sa maison et sa garnison pour se retirer dans son château de la Forest-sur-Sévre, près de Bressuire, « laissant et emportant, dit-il, beaucoup de regrets, et, comme Dieu sait, ayant assez tôt englouti mon ennui par me remettre à sa volonté, mais ne pouvant sitôt digérer ni le public, ni l'autrui [1]. Ma fille de Villarnoul demeura derrière avec nos enfants pour pourvoir à plusieurs affaires, nommément aux inventaires et aux logements et délogements des gens de guerre, selon qu'il était convenu. Il ne laissa pas de s'y passer de grandes insolences et pertes, à l'occasion des officiers de la Reine; bris de portes, de coffres, de cabinets, caves, greniers, magasins, même de ma petite bibliothèque au bout de la galerie, en laquelle mes' manuscrits et autres livres furent gouspillés, jusques à arracher partie des fermoirs et plaques d'argent, et en jeter quelques-uns par les fenêtres dans les fossés; ce qui vint même aux oreilles du Roi et de la Reine qui en témoignèrent du déplaisir. Ma fille cependant fut fort bien vue de la Reine et de madame la conné-

1. Ni l'ennui (le chagrin) public, ni celui d'autrui.

table ; et lorsque j'écris ceci, 23ᵉ de mai, elle y est encore[1]. »

Après les trois mois convenus, la fin de l'année 1621 se passa en négociations vaines entre le gouvernement de Louis XIII et du Plessis Mornay, pour obtenir que la parole royale fût tenue et la place de Saumur remise à son ancien gouverneur. Le 20 janvier 1622, Mornay adressa au Roi et à son conseil une longue requête dans laquelle, après avoir retracé l'histoire de la ville de Saumur et de son gouvernement sous le règne de Henri IV, il finissait par dire : « Pour ce qui est du passage dernier de V. M. à Saumur, Elle sait mieux que tout autre en quelle franchise j'y ai procédé. N'y a faute de gens qui se vantent de ce qu'ils auraient pu faire en ma place ; et V. M. n'ignore point ce qui m'est reproché de divers endroits. Mais ma gloire est d'avoir obéi à Dieu, à mon Roi et à ma conscience ; mon innocence s'assurait en la justice de V. M. et en sa parole royale, de laquelle ce m'eût été crime de douter. J'ajouterai l'intérêt de V. M., Sire, trop plus grand que le mien, y ayant toute apparence que

---

1. *Mémoires de du Plessis-Mornay.* Édit. d'Amsterdam, 1651 ; t. IV, pages 651-663.

si V. M. eût laissé Saumur en son entier, elle abrégeait tout autrement et son voyage et ses affaires, faisait tomber et les ponts et les murailles devant elle, aux uns ôtait la cause de défiance, aux autres le prétexte, à tous donnait matière de se confier; sans qu'il me faille rien dire ici de tant de pertes que V. M. y eût épargnées.

« Tant y a que je n'ai point capitulé avec V. M.; ne lui ai demandé ni argent, ni honneur; ne lui ai vendu ni son bien, ni mon service. Dieu donne que de tous elle soit servie de même!...

« Parce que V. M. daigna me donner sa parole royale qu'elle me rétablirait dans trois mois échus dès le 17 d'août, et m'en faire expédier un acte ou brevet, confirmé depuis par plusieurs lettres et ès plus fort termes, reste à voir s'il n'est point de son service de regagner, par l'exécution réelle de mon rétablissement, ce qu'elle pouvait conserver par la confiance qu'il lui eût plu prendre de mon service.

« Seulement me pardonnera Votre Majesté, Sire, si j'ose la supplier très-humblement, en la décision de cette affaire, de s'écouter principalement soi-même, et avoir pour suspects tous les conseils qui lui pourraient être donnés contre le mouvement divin et naturel de sa propre conscience; de vouloir aussi considérer l'âge où je suis, pour abréger les remises qui lui pourraient être proposées, qui me sont évidemment onéreuses et injurieuses, et ne peuvent être interprétées qu'en attente de ma mort prochaine, pour plus aisément en frustrer celui que Votre Majesté m'a donné pour successeur. »

La requête définitive de Mornay fut aussi vaine que l'avaient été ses premières espérances. Une tristesse irritée s'empara du noble vieillard; le 14 février 1622, il écrivit sous ce titre : « Requête envoyée à mon gendre, M. de Villarnoul, pour être remise au Roi, de ma part, en cas d'un refus absolu de mon rétablissement au gouvernement de Saumur.

« Sire, puisqu'il est résolu, pour le bien prétendu du service de Votre Majesté, que mon obéissance et ma fidélité me tournent à crime et à supplice, et le loyer et la louange que j'en eusse dû attendre à ruine et à ignominie, je supplie très-humblement Votre Majesté de me vouloir au moins octroyer qu'avec sa bonne grâce et son sauf-conduit, je me puisse retirer hors de ce royaume avec ma famille; de l'accorder pareille aussi à M. de Villarnoul, mon gendre, enveloppé en même cause. Pareillement de pouvoir transporter hors de Saumur les os des miens pour n'être exposés à la rage d'un si ingrat peuple. Là, Sire, soustrait aux objets qui trop justement affligent mon âme, je prierai Dieu qu'il lui plaise prospérer de plus la personne et couronne de Votre Majesté, pardonner aux auteurs de ces conseils plus nuisibles à ses affaires qu'à moi-même, et pour adoucir mes amertumes, me faire oublier que je suis né Français. Et peut-être, Sire, se trouvera-t-il quelqu'un qui grave sur ma tombe ce misérable épitaphe : « Ci-gît qui, âgé de soixante et treize ans, après avoir employé sans reproche les quarante et six au service de deux grands rois, fut contraint, pour avoir fait son devoir, de chercher son sépulcre hors de sa patrie. Juge, lecteur, et déplore soit son malheur, soit la malice du siècle.

« PHILIPPE DE MORNAY. »

C'était plus de colère, non pas que n'en méritait la déloyauté du roi, mais que n'en permettait la vertu de Mornay. Soit de son propre mouvement, soit sur les représentations de son gendre, M. de Villarnoul, il supprima cette dernière requête ; elle resta dans ses papiers, mais ne fut point remise au roi. Pendant près de deux ans encore, sans sortir de sa retraite de la Forest-sur-Sévre, par ses lettres, par l'active entremise de ses enfants et de quelques amis fidèles, quelquefois même par de petits écrits de circonstance, il poursuivit ses démarches ou ses tentatives pour défendre les intérêts légitimes de l'Église réformée et les établissements d'instruction religieuse qu'il avait fondés à Saumur, pour donner encore à la politique de la France quelques sages conseils, aussi pour mettre ordre à ses propres affaires gravement compromises par son constant désintéressement au milieu des vicissitudes de sa vie. Le 30 octobre 1623, il écrivait à la duchesse de Rohan : « Madame, la vérité est que ma fièvre tierce m'a laissé en grande langueur, et la saison ne m'y aide pas. Mais j'espère que Dieu me réserve encore pour vous faire un bon service. Monsieur votre fils aîné [1] a bien raison de vouloir percer la calomnie tout outre. Mais il se doit consoler que la vérité tôt ou tard a le dessus. Il est mal aisé qu'ès uns la malice, ès

---

1. Henri, duc de Rohan, en train de devenir, à cette époque, le principal chef du parti réformé.

autres le chagrin n'en inventênt, chacun se voulant décharger aux dépens d'autrui. Pour nouvelles, Madame, je n'apprends rien de la Cour, que l'alarme très-grande où est l'Empereur de ce que Bethlem Gabor [1] a traité avec le Turc, se faisant son feudataire, non moins pour la Hongrie que pour la Transsylvanie, lequel Turc, moyennant ce, l'assiste d'une armée. Et cependant ledit Empereur a chassé ceux de contraire religion de tous ses pays patrimoniaux, leur laissant le moins de moyens qu'il peut, et prétendant avoir même droit que chacun prince de l'Empire en son État, de n'y souffrir qu'une religion. Jamais ces gens n'auront patience qu'ils n'ayent attiré la ruine sur eux-mêmes. » Et le lendemain 31 octobre, à M. Marbaut, l'un de ses

1. *Bethlem Gabor*, c'est-à-dire *Gabriel Bethlem*, était le fils d'un pauvre gentilhomme calviniste, sorti de France pour aller courir les aventures, qui se mit d'abord au service de la Turquie, puis de la Transsylvanie contre la Turquie, et qui de 1610 à 1629, à force de hardiesse, de bravoure et d'intelligence politique, diplomatique et militaire, devint d'abord prince de Transsylvanie, puis roi de Hongrie pendant quelques années, et mourut en 1629 souverain de la Transsylvanie où il avait régné dix-huit ans. Il fut sans cesse mêlé, pendant ce temps, aux relations tantôt belliqueuses, tantôt pacifiques, de la Turquie avec l'empereur d'Allemagne.

plus anciens et plus fidèles amis : «Monsieur mon
vrai ami, la fièvre m'a laissé, grâce à Dieu; mais
une langueur me continue. Il était mal aisé que
tant de maux n'aboutissent enfin à quelque maladie. Dieu le veuille pardonner aux auteurs. Je
vous envoye une quittance telle que demandez.
M. de Villarnoul et moi nous nous en accorde-
rons bien ensemble; mais le principal est que
les deniers se touchent, et que je me voye bientôt
déchargé de mes dettes, à quoi je vous prie de
travailler. J'ai suivi votre conseil à peu près,
pour faire naître de ces tranchées [1] le repos en
ma maison. Le traité de Bethlem Gabor est
très-dangereux; mais nous ne serons jamais
sages [2]. »

Au milieu de ces persistantes préoccupations
religieuses, politiques et domestiques, le jour
arriva où du Plessis–Mornay sentit qu'il ne lui
restait plus qu'à mourir. Il en avertit ses enfants,
ses serviteurs, toute sa maison, les rassembla au-
tour de lui, se fit mettre hors de son lit, commença à haute voix sa confession de foi, ne put

---

1. Probablement *de ces transactions*.

2. *Lettres et mémoires de messire Philippe de Mornay*. Édit.
d'Amsterdam, 1651, t. **IV**, pages 902-903.

l'achever, et se levant de sa chaise, il s'écria debout : « J'ai un grand compte à rendre, ayant beaucoup reçu et peu profité. Miséricorde ! Miséricorde ! » Puis, à plusieurs reprises : « Je ne suis pas ennemi de la vie ; mais j'en vois une bien meilleure que celle-ci. Je me retire de la vie, je ne m'enfuis pas ! » Il bénit ses enfants et ses serviteurs : « Soyez bénis par un mourant dont la bénédiction sera ratifiée par celle de Dieu ! Durant ma vie, je n'ai eu que la gloire de Dieu pour but. Je vous recommande l'union et l'amitié fraternelle, pour posséder en paix l'héritage et le nom que je vous laisse. » Pendant quelques heures encore, il murmura à voix basse des paroles qu'on entendait mal, françaises, latines, grecques, des versets de l'Évangile, et aussi, dit-on, ce vers de Pindare : « L'homme est le songe d'une ombre. » Le 11 novembre 1623, entre six et sept heures du matin, il s'éteignit au milieu du respectueux silence de tous ceux qui l'entouraient, écoutant s'ils l'entendaient encore respirer.

Ai-je eu tort de dire en commençant que de telles vies sont le plus beau et le plus salutaire spectacle moral que l'histoire puisse offrir aux hommes ? M. et Mme de Mornay étaient, à coup sûr, par les dons de la nature comme par la position sociale, deux personnes éminentes, en butte, pour ainsi dire, à toutes les tentations, à toutes les séductions qui peuvent jeter l'esprit comme le caractère hors des voies régulières et honnêtes; ils avaient l'intelligence, l'activité, le courage, un point de départ déjà élevé, tous les moyens d'influence et de succès. Ils ne se laissèrent entraîner à aucune ambition démesurée, à aucune entreprise déréglée; ils marchèrent d'un pas ferme et en ligne droite dans la carrière où la providence les avait placés; ils n'étaient dominés ni par les prétentions d'une personnalité ardente, ni par les fantaisies d'une imagination féconde et vagabonde; ils arrivèrent naturellement à l'influence, à l'importance, à la renommée, au rang supérieur dans leur patrie et dans leur Église; ils connurent tous les avantages, toutes les jouissances de la grandeur dans l'ordre politique et dans l'ordre religieux; ils en sentaient le prix, ils en goûtaient la possession; mais ils ne les estimèrent point au-dessus de leur valeur véritable, ils ne tombèrent point dans leurs entraînements. Le seizième siècle était un temps de vastes innovations et de passions audacieuses qui poussent les hommes jusqu'au dernier terme des factions et des révolutions; du Plessis-Mornay, quoique ardemment intéressé au progrès de la foi nouvelle et de sa cause, résista constamment à leurs excès. Ce protestant inflexible qui avait contribué autant que personne à faire monter Henri IV sur le trône, qui était entré plus avant que personne, sauf Sully, dans l'intimité de son roi, qui déplorait amèrement qu'Henri IV eût abandonné sa foi, qui brava tous les périls et toutes les disgrâces pour garder et soutenir la sienne, Mornay mécontent, triste, banni de la cour, assailli par les mécontentements et les souffrances de ses amis, n'entra jamais, contre le roi qu'il blâmait et dont il croyait avoir à se plaindre, dans aucune faction, dans aucune intrigue; il lui resta, au contraire, inébranlablement fidèle, sans cesse appliqué à maintenir ou à rétablir, dans l'Église protestante de France un peu d'ordre et de paix, entre les protestants et Henri IV un peu de confiance et d'amitié mutuelle. Mornay était dévoué à sa croyance ; mais son dévouement à sa croyance ne lui fit jamais oublier son devoir envers son roi, envers un roi qui sauvait son pays. Il demeura ferme et actif dans sa foi , mais sans tomber sous le joug d'aucune idée fixe et exclusive, conservant son bon sens patriotique au sein de sa piété fervente, et supportant avec une fermeté triste les colères de ses amis et les ingratitudes de son roi.

Mme de Mornay avait plus de susceptibilité et un désintéressement moins absolu, moins dégagé de tout amour-propre que son mari; elle pardonnait moins aisément à Henri IV ses froideurs, à Sully ses jalousies, aux Réformés fanatiques leurs méfiances ou leurs mesquines exigences; elle était naturellement un peu aristocratique et hautaine; mais elle avait, autant que Mornay, l'esprit et le cœur droits et fermes; nulle disposition romanesque dans ses sentiments et dans ses désirs; point de complaisance petite et vaniteuse, soit pour elle-même, soit pour ceux qu'elle aimait; quand, dans ses Mémoires, elle parle d'eux et de ce qui les touche, loin de rien étaler, de rien amplifier, elle montre moins qu'elle ne pourrait, elle dit moins qu'elle ne sent; les événements les plus considérables, quand elle les raconte, les sentiments les plus puissants, quand elle les exprime, se présentent sous une forme contenue, exempte de tout ornement factice ou prémédité. Celle qui parlait si simplement, et avec cette réserve austère, des plus vifs intérêts de son âme et des plus grandes affaires de sa vie, était une femme aussi passionnée que grave, qui suivait son mari dans tous ses périls, prenait part à tous ses travaux, vivait pour lui seul, et mourut de douleur de la mort de son fils.

Quand aux jours de grandeur et de puissance succédèrent les jours de défaite et d'isolement, quand M. et Mme de Mornay eurent à lutter, non plus contre les entraînements de la bonne fortune, mais contre les tristesses et les ennuis de la mauvaise, le bonheur domestique survécut tout entier, pour eux, à la perte du succès politique. Jamais l'intimité ne fut plus grande entre les deux époux, jamais ils ne se témoignèrent un dévouement plus assidu et plus tendre que lorsqu'ils n'eurent plus qu'à s'entraider pour porter ensemble le fardeau de leur cause en décadence et de leur ménage en défaveur. *Les Lettres inédites* de du Plessis Mornay à sa femme, qui seront publiées dans le tome II des *Mémoires de Mme de Mornay*, seront, à cet égard, le plus irrécusable et le plus touchant des témoignages. Quand Mme de Mornay mourut, le bonheur domestique disparut à son tour; la solitude se fit pour Mornay, dans sa maison comme dans sa patrie. La vertu survécut seule au bonheur.

Je cherche quel a été, parmi tant de personnages éminents du seizième siècle, le trait original et essentiel du caractère et de la destinée de ces deux nobles personnes. Voici celui qui me frappe et me touche profondément. M. et Mme du Plessis Mornay n'étaient pas seulement vertueux et pieux ; ils étaient modestes. Vertu rare au milieu des révolutions qui agitent puissamment les sociétés et les âmes. Les révolutions sont faites par des présomptueux et font des présomptueux. Leurs acteurs, même les meilleurs, ont presque toujours en eux-mêmes, dans ce qu'ils pensent et dans ce qu'ils veulent, une confiance fanatique ou vaniteuse qui les pousse, tête baissée, dans les voies où ils se sont une fois engagés, et ferme leurs yeux à tout ce qui pourrait et devrait les y arrêter. La modestie est une grande lumière ; elle prévient les ambitions démesurées et contient les espérances chimériques ; elle laisse l'esprit toujours ouvert et le cœur toujours docile à la vérité. M. et Mme du Plessis Mornay, chrétiens et sérieusement pénétrés de l'insuffisance de la sagesse et de la puissance humaine, eurent cette précieuse sauvegarde du bon sens et de la vertu.

Ce fut en 1595, au moment où son fils, âgé de

seize ans, allait partir pour ses voyages en Europe, que Mme de Mornay lui remit ce qu'elle avait écrit alors de ses *Mémoires :* « Encore, lui dit-elle, dans sa *préface*, que vous n'y ayez point faute de guide, en voici un que je vous baille par la main, et de ma propre main, pour vous accompagner; c'est l'exemple de votre propre père que je vous adjure d'avoir toujours devant les yeux pour l'imiter; duquel j'ay pris la peine de vous discourir ce que j'ai peu connaître de sa vie, nonobstant que notre compagnie ait esté souvent interrompue par le malheur du temps, et en telle sorte, toutefois, que vous y en avez assez pour connaître les grâces que Dieu lui a faites, de quel zèle et affection il les a employées, pour espérer aussi pareille assistance de sa bonté quand vous vous résoudrez de le servir de tout votre cœur. Je suis maladive, et ce m'est de quoi penser que Dieu ne me veuille laisser longtemps en ce monde; vous garderez cet écrit en mémoire de moi. Venant aussi, quand Dieu le voudra, à vous faillir, je désire que vous acheviez ce que j'ai commencé à escrire du cours de notre vie. Mais surtout, mon fils, je croirai que vous vous souviendrez de moi quand j'oserai dire, en quelque lieu que vous alliez, que vous servez

Dieu et ensuivez votre père. J'entrerai contente au sépulcre, à quelque heure que Dieu m'appelle, quand je vous verrai sur les erres[1] d'avancer son honneur en un train assuré, soit de seconder vostre père en ses saints labeurs, tant que Dieu vous le conservera (et je le supplie que ce soit de longues années pour servir à sa gloire, et à vous de guide par les sentiers du monde), soit de le faire revivre en vous quand, par sa grâce, il le vous fera survivre[2]. »

Dix ans plus tard, en 1605, après la mort de son fils, Mme de Mornay terminait ses *Mémoires* par cette phrase :

« Et icy est-il raisonnable que ce mien livre finisse par luy, qui ne feut entreprins que pour luy, pour luy descrire notre pérégrination en ceste vie; et puisqu'il a pleu à Dieu, il a eu plus tost et plus doucement fini la sienne. Aussy bien, si je ne craignois l'affliction de M. du Plessis qui à mesure que la mienne croist, me faict sentir son affection, il m'ennuyeroit extrêmement à le survivre. »

Ces *Mémoires*, fruit de la plus vertueuse ten-

---

1. En voie, en chemin.
2. *Mémoires de Madame de Mornay. Préface*, t. I, p. 3-4.

dresse conjugale et maternelle, et œuvre d'un esprit singulièrement judicieux et ferme en même temps que délicat et féminin, sont restés inédits jusqu'en 1824. Ils parurent, à cette époque, en tête d'un recueil intitulé : *Mémoires et correspondance de du Plessis Mornay, publiés sur les manuscrits originaux* [1], par MM. de la Fontenelle de Vaudoré et Auguis, qui donnèrent, dans leur *Préface* [2], des renseignements historiques et bibliographiques sur l'objet et les sources de cette publication. Elle avait été précédée, au dix-septième siècle, par un recueil de même nature, intitulé : *Mémoires de messire Philippe de Mornay, seigneur du Plessis-Marly, baron de la Forest sur Sévre*, etc., publiés de 1624 à 1652, en quatre volumes in-4°, les deux premiers à la Forest, les deux derniers à Amsterdam. Le recueil moderne est plus étendu et plus complet que l'ancien, mais seulement jusqu'au 5 mars 1614, car il s'arrête à cette époque et ne contient rien sur les neuf dernières années de la vie de Mornay, tandis que les *Pièces* et les *Lettres* insérées dans le recueil du dix-septième

---

1. 12 volumes in-8, 1824-1825.
2. T. I, pages i-xvi.

siècle vont jusqu'au 31 octobre 1623, onze jours avant la mort de Mornay.

Lors de la publication du nouveau recueil des *Mémoires et correspondances de du Plessis Mornay*, je lus les *Mémoires de Mme de Mornay* avec le plus vif intérêt, mais sans en faire l'objet d'un examen attentif. Il y a trois ou quatre ans, un homme dont le caractère et l'esprit m'inspirent une égale estime, l'auteur de l'*histoire de Henri IV*, à laquelle l'Académie française a décerné deux fois le grand prix Gobert, à mon sens l'ouvrage le plus nouveau, le plus savant et le plus judicieux qui ait été écrit de nos jo rs sur l'histoire de France au seizième siècle, M. Poirson, en me parlant des *Mémoires de Mme de Mornay*, me signala les nombreuses et souvent étranges erreurs contenues dans l'édition qu'en avait donnée M. Auguis, et la nécessité d'une nouvelle édition correcte et fidèle. Je fus frappé de ses observations, et je l'engageai à entreprendre lui-même ce travail. Il s'y montra disposé. La *Société de l'histoire de France* m'avait fait l'honneur de me nommer son président, en remplacement de mon vieil et intime ami, M. de Barante, qu'en 1866 nous avions eu la douleur de perdre. J'entretins de l'idée de

M. Poirson le conseil d'administration de la société. Elle y fut agréée, et le 30 mars 1867, M. Poirson adressa à cette société, sur les erreurs de la récente édition des *Mémoires* de Mme de Mornay, une *Note* dont j'extrais textuellement les principaux passages.

« Cette édition, y dit-il, fourmille d'inexactitude et d'erreurs qui, dans beaucoup d'endroits, changent complétement le sens du texte. Nous en citerons quelques exemples entre beaucoup d'autres.

« Sous l'année 1587, le texte donné par M. Auguis porte, page 161 : — Ce premier bonheur fut cause d'ung second; car le duc de Joyeuse, pour s'en venger, se résolut de combattre le roy de Navarre à quelque prix que ce feust, dont, le 20 du moye d'octobre ensuivant, se donna la bataille de Courtray, dont le dict seigneur roy eut victoire très-entière. — Il n'y a pas de bataille de Courtray ; il faut lire *Coutras* au lieu de Courtray, et le texte ne laisse pas le moindre doute à cet égard, puisqu'il nomme le roi de Navarre pour vainqueur.

« Sous l'an 1590, on trouve le passage suivant, page 186 : — L'an 90 se passa presque tout entier près du roy ; il (M. du Plessis) partit mandé en diligence par le roy pour se trouver à la bataille de Chasteaudun ; il m'escrivit ces mots. — Il n'y a pas plus de bataille de Château-dun qu'il n'y a de bataille de Courtray. M. Au-guis est décidément brouillé avec tous les noms de bataille. Le texte de Mme de Mornay, quel-ques lignes plus bas, donnait moyen de rectifier cette erreur ; on y lit à la même page 186 : — Il arriva près de Sa Majesté justement le trei-zième de mars, et le quatorzième, la bataille se donna à *Yvry* entre le roy et le duc de Mayenne. — Dans le premier passage il fallait écrire : — Il partit, mandé en diligence du roy pour se trou-ver à la bataille ; (point et virgule après le mot *bataille*) de Chasteaudun il m'escrivit ces mots : — Et en effet du Plessis, à la fin de sa lettre, écrit : — De Chasteaudun, ce 9ᵉ mars 1590 à neuf heures du soir.

« Aux pages 213 à la fin et 214 au commen-cement, M. Auguis assigne les gages des mi-nistres protestants sur les deniers de l'*Espagne*, fait soudoyer ces ministres par le roi catholique, par le grand persécuteur de la religion réformée ; on lit dans son texte : — Obtindrent (obtinrent) aussy M. le duc de Bouillon et luy de Sa Ma-jesté, l'entretenement des ministres en France sur les deniers de *l'Espaigne*, en conséquence et imitation de ce que M. du Plessis avait faict par la trefve pour les provinces de Guyenne, Languedoc et Dauphiné. — Au lieu d'imprimer *Espaigne* (*Espagne*), il fallait imprimer *Espargne* (*Espargne* ou Trésor royal). L'éditeur tient à cette singulière faute ; en effet, il la répète à la fin de la page 266 : — Le sommaire feut.... qu'il seroit faict fonds en *l'Espaigne* d'une somme pour l'entretenement des ministres, dont le rôle seroit baillé duement certifié par les provinces, et pour en couvrir l'employ, se feroit soubs le nom de madame Postel qu'elle nommeroit.

« On trouve à la page 281 : — Et pour le regard des articles secretz accordés à Mantes, que Sa Majesté ne leur voullait bailler, craignant qu'ils fussent divulguéz, feut dict du propre mouvement de Sa Majesté qu'ilz seroient *répudiez* en bonne et due forme, puis baillez en garde et comme en dépost à M. du Plessis. — Dans ce passage, M. Auguis substitue le mot *répudiez* au mot *rédigez.*

« Dans le passage suivant de la page 315, le défaut de ponctuation altère complétement le sens. On lit : — N'osans d'une part les deputez

du roy traicter ces articles où il alloit de l'autorité de Sa Majesté et ceulx de la relligion, de
l'aultre, esperans en avoir meilleur compte, les
traictants avec Sa Majesté mesme. — Le manque d'une virgule après les mots de *l'autorité de
Sa Majesté* fait contre-sens : on croit qu'il s'agit
de l'autorité du roi et de l'autorité de ceux de la
religion ou des Calvinistes.

« A la page 322, à la fin, on lit : — N'est
mesmes à oublier icy madame d'Auangour, tante
de sainct Phal. — Il n'y a pas de dame *d'Auangour*, mais bien une dame *d'Avaugour*.

« A la page 493 il y a une faute énorme sur la
date de la mort de Philippe de Mornay, fils de
M. et de Mme du Plessis. L'édition de M. Auguis
porte : — Depuis le décès de Philippe de Mornay,
leur fils, adveneu en l'entreprinze de la ville de
Gueldres, en l'an 1606, le 25 octobre.—Il faut
lire en l'an 1605, le 25 d'octobre. Deux passages, l'un des *Mémoires* de Mme de Mornay,
l'autre de la pièce transcrite, et à cette même
page 493, donnaient moyen au nouvel éditeur
d'éviter cette erreur, par suite de laquelle le lecteur est induit à croire que Mme de Mornay est
morte avant son fils, tandis qu'elle est morte de
la douleur que lui a causée la mort de son fils.

Presque à la fin de ses *Mémoires* (page 490), elle exprime en ces termes l'impression que fit sur elle la nouvelle de la mort de leur fils : — Nous sentîmes arracher nos entrailles, retrancher nos espérances, tarir nos desseins et nos désirs : nous ne trouvions un longtemps que dire l'un à l'autre, que penser en nous mesmes, parce qu'il étoit seul, après Dieu, notre discours, notre pensée. — Et à la page 491 : — Le 21 d'avril 1606 arriva le corps de notre pauvre fils, que nous avions envoyé quérir, qui nous fut amené et conduit par le sieur de Licques.—La pièce ajoutée aux *Mémoires* expose en ces termes, p. 493, 495, la dernière maladie et la mort de Mme de Mornay : — Le 7 du mois de mai 1606, jour de dimanche, ayant été au prêche, elle commença incontinent après dîner à se sentir mal...... Le dimanche au soir, le 14ᵉ de mai, M. du Plessis s'était jeté sur un lit en sa chambre, pour prendre un peu de repos, car jour et nuit il ne l'abandonnait point. On le vint éveiller, l'avertissant, de la part de M. Dissoudeau, qu'elle s'abaissait, ce qui se voyait par une sueur froide et par le pouls qui remontait...... Ainsi rendit son âme à Dieu le 15 de mai, entre cinq et six heures du matin.

« Nous pensons avoir établi, disait en finissant M. Poirson, qu'une nouvelle édition des *Mémoires* de Mme de Mornay est à faire. La Société jugera si elle doit être entreprise, et décidera si elle veut l'entreprendre. » Paris, 30 mars 1867. »

D'après cette note j'espérai, et le conseil d'administration de la Société de l'histoire de France espéra, comme moi, que M. Poirson se chargerait de publier cette nouvelle édition des *Mémoires de Mme de Mornay* dont il démontrait si bien la nécessité, et dont il pouvait mieux que personne, assurer le mérite; mais sa santé, depuis quelque temps ébranlée, fit hésiter de plus en plus cetesprit exigeant et scrupuleux devant la perspective de nouveaux travaux; il m'écrivit le 10 mai 1867 : « J'ai espéré jusqu'au bout que ma santé se rétablirait et que je n'aurais pas à en venir à une résolution que je n'ai prise qu'à contre-cœur. Je n'ai reçu que lundi la lettre dans laquelle le secrétaire, M. Desnoyers, m'informait que la Société de l'Histoire de France se réunirait le mardi sous votre présidence, et délibérerait sur le projet d'une nouvelle édition des *Mémoires de Mme de Mornay*. Pris de court, j'ai informé sans retard

M. Desnoyers que je me trouvais dans l'impossibilité de me charger de ce travail. »

Nous insistâmes vainement; rien ne put le faire revenir sur cette résolution.

Après m'être assuré des convenances et de l'adhésion de ma fille, Mme de Witt, je proposai au conseil de la Société de l'histoire de France de lui confier le soin de cette édition, me chargeant d'en être le commissaire responsable, et de donner, sur ce sujet, à ma fille les informations et les conseils dont elle pourrait avoir besoin. Je savais l'intérêt que lui avaient inspiré les *Mémoires* de Mme de Mornay, les études qu'elle avait déjà faites sur les événements et les personnages de la Réforme française au seizième siècle, et l'extrême soin qu'elle apporterait à ce travail. Le conseil accueillit ma proposition. L'édition qui paraît maintenant en est le résultat.

Il existe deux manuscrits des *Mémoires* de Mme de Mornay; toutes les recherches que j'ai faites ne m'en ont fait découvrir aucun autre. Le premier de ces manuscrits appartient à la bibliothèque impériale qui l'a acheté à la vente de feu M. de Montmerqué. Il est inscrit sous le numéro 10 629 et 5602, *Suppl. fr.* Il commence, sans aucun titre, par les premiers mots de la préface adressée par Mme de Mornay à son fils, et finit par cette dernière phrase des *Mémoires :* « il m'en-nuyeroit extrêmement à le survivre. » Ni le récit des derniers moments de Mme de Mornay sous ce titre : « Discours de la mort de dame Char-lotte Arbaleste, femme de messire Philippe de Mornay, seigneur du Plessis–Marly, » ni les deux sonnets de Mornay lui-même sur la mort de sa femme, ne s'y trouvent. Il contient en tout 273 feuillets. C'est très-probablement d'après ce ma-nuscrit qu'a été faite l'édition de 1824, car cette édition y est conforme et ne contient aucune des additions ou variantes que renferme le second manuscrit, et qui sont fidèlement relevées dans la nouvelle édition que nous publions après une confrontation complète et exacte des deux textes. D'après les lettres originales et de famille que j'ai sous les yeux, l'écriture de ce manuscrit ne res-semble point à celle de Mme de Mornay, et n'est peut–être pas sans analogie avec celle de sa fille Élisabeth, Mme de Fontenay.

Le second manuscrit appartient à la biblio-thèque de l'Université de France, et il y est inscrit sous les lettres et les chiffres : *M. S. H.* 11, 29. Il fait partie de la précieuse collec-tion que possède cette bibliothèque des docu-

ments, mémoires, correspondances et pièces
diverses de du Plessis-Mornay en onze volumes in-folio reliés en maroquin rouge, aux
armes de Mornay et de sa femme. Il manque à
cette collection trois volumes, les tomes 1, 2 et 4.
On dit qu'ils sont en Angleterre, sans qu'on
sache comment ils y sont parvenus. Quoi qu'il en
soit, je regarde ce manuscrit comme le plus ancien et le plus authentique des deux que nous
possédons. Il est le plus complet, car il contient
les détails sur la mort de Mme de Mornay et les
deux sonnets de son mari qui sont d'une authen-
ticité certaine et ne se trouvent pas dans le manuscrit de la bibliothèque impériale; mais ce qui
fait le plus précieux caractère de ce second manuscrit, c'est que l'écriture en est conforme à
celle de plusieurs lettres de Mme de Mornay que
j'ai sous les yeux et qui portent sa signature in-
contestée, *Charlotte Arbaleste*. Or, dans la préface en tête de ses *Mémoires*, Mme de Mornay
dit expressément à son fils, en lui remettant ce
qu'elle en avait écrit dès lors : « Voici un guide
que je vous baille par la main, et *de ma propre
main*, pour vous accompagner. » J'incline donc
à croire que c'est là le manuscrit original de
Mme de Mornay, ou une copie écrite de sa main.

Ce qui me confirme dans cette croyance, c'est que ce manuscrit contient, en marge, un assez grand nombre d'additions ou de notes écrites de la même main que le texte, et relatives, pour la plupart, à des incidents de famille, comme la naissance, ou le mariage ou la mort des enfants de Mme de Mornay, ou le lieu de leur sépulture ; détails qui n'étaient pas entrés d'abord dans le cours de la narration, et qui n'ont guère pu y être ajoutés plus tard que par la personne qu'ils intéressaient intimement et qui les connaissait exactement. Le manuscrit contient 206 feuillets ; et au feuillet 118 qui appartient à l'année 1595, époque du départ du jeune de Mornay pour ses voyages et de la remise que lui fit sa mère des *Mémoires* écrits jusqu'alors, il y a, entre deux alinéas, un certain changement, soit dans l'encre, soit dans la grosseur de l'écriture restée pourtant la même, qui semble indiquer un travail repris après avoir été interrompu. Enfin le récit des derniers moments de Mme de Mornay et les deux sonnets de son mari, qui terminent ce manuscrit, sont, comme de raison, d'une tout autre écriture qui me paraît être celle de Mornay lui-même, tracée lentement et avec soin, comme par un douloureux désir de donner à la mémoire de sa femme une dernière marque de tendresse en complétant lui-même un manuscrit qu'elle avait écrit de sa propre main. Ces considérations ou ces conjectures, comme on voudra les appeler, donnent, selon moi, au manuscrit de la Sorbonne, une valeur particulière, et il est devenu le texte fondamental de cette nouvelle édition.

J'étais informé qu'il existait, en divers lieux, des lettres inédites de M. et Mme de Mornay et de leurs enfants. Je fis faire, à cet égard, dans les grands dépôts publics et dans plusieurs collections particulières, de soigneuses recherches. A Poitiers, entr'autres, M. Beaussire, alors professeur de philosophie dans la Faculté des lettres de cette ville, voulut bien, à ma demande, faire faire la vérification des nombreuses lettres de du Plessis Mornay à sa femme, qui font partie de la collection de dom Fonteneau, dans la bibliothèque de Poitiers. Il constata que, sur 118 lettres de Mornay, originales ou en copie, contenues dans cette collection, 109 avaient déjà été publiées dans l'édition de 1824. J'appris que M. Léon Audé, ancien secrétaire général du département de la Vendée, et maintenant établi au château des Granges, dans ce même département, était possesseur d'un grand nombre de documents et de

lettres restés au château de la Forest sur Sévre, dernière demeure de Mornay, et qui en
avaient été enlevés, soit dans les troubles de
notre Révolution, soit par suite des change-
ments de possesseurs qu'avait subis ce vieux
château. M. Marchegay, ancien archiviste d'An-
gers, membre de la Société de l'Histoire de
France et ami particulier de M. Léon Audé, me
donna, à ce sujet, des renseignements précis.
J'entrai en correspondance avec M. Léon Audé
lui-même, qui voulut bien, sur mon invitation,
venir au Val-Richer en octobre 1867, et m'entre-
tenir avec détail des précieux papiers qu'il pos-
sédait. Il se prêta ensuite, avec une parfaite
courtoisie, à en faire lui-même ou à en laisser
faire, par M. Marchegay, le dépouillement, et à
m'envoyer, en original, tous ceux qui pouvaient
m'intéresser. C'est à ce travail qu'est due la publication des soixante-dix-neuf lettres inédites
que contient le tome II de notre nouvelle édition
des *Mémoires* de Mme de Mornay, savoir : 61 lettres de du Plessis Mornay à sa femme; 2 lettres
de Mme de Mornay à M. de la Court; 1 lettre de
Mme de Vaucelas à Mme de Mornay, sa sœur;
8 lettres de Philippe de Mornay, marquis des
Bauves, dont 3 à sa mère et 5 à son père; 4 lettres

de Mme de Villarnoul (Marthe de Mornay) et de
Mme de Fontenay (Élisabeth de Mornay) à leur
mari, à leur père et à diverses personnes. Le mérite et l'intérêt particulier de ces lettres résident
dans le tableau qu'elles offrent de la vie inté-
rieure de cette rare famille et des rapports aussi
affectueux que dignes qui existaient entre tous
ses membres, père, mère, enfants, maris et
femmes. C'est là le motif qui en a déterminé le
choix.

A ces lettres inédites j'ai joint enfin le récit,
également inédit, de la querelle engagée, en
1584, entre Mme de Mornay et le consistoire
de Montauban, au sujet des cheveux d'emprunt
et des longues boucles de sa coiffure que plusieurs pasteurs, surtout M. Michel Bérault, trouvaient trop mondaine : motif suffisant, selon eux,
non-seulement pour la blâmer, mais pour lui in-
terdire la sainte Cène. Ce long récit, adressé
sous forme de mémoire justificatif au consistoire
de Montauban, fut écrit par Mme de Mornay
elle-même, ainsi que les deux lettres qui y sont
ajoutées. Curieux exemple de l'état des esprits à
cette époque chez quelques-uns des Réformés
français, et des exigences futiles et tyranniques
qu'élevait quelquefois, parmi eux, l'autorité ec-

clésiastique. Mais en vertu de son organisation,
les laïques aussi sont puissants dans l'Église
réformée, et ils opposèrent souvent leur indépendance aux prétentions et aux tracasseries
pastorales. Mme de Mornay n'était pas, à coup
sûr, d'un naturel rebelle ni querelleur; dans le
cours de cette discussion, elle ne cessa de répéter
qu'elle était prête à se soumettre à l'autorité conjugale de M. de Mornay, ou à l'autorité ecclésiastique du synode général, si l'un ou l'autre lui
ordonnait de changer sa coiffure ; jamais femme
et chrétienne ne se déclara plus docile envers les
pouvoirs légitimes et suprêmes du ménage et de
l'Église ; mais elle ne reconnaissait pas, aux pasteurs et au consistoire d'une paroisse spéciale,
le droit de lui intimer un tel ordre et de lui in-
terdire, en cas de désobéissance, l'approche de
la sainte Cène. Non-seulement elle maintint fermement son indépendance ; mais le consistoire
ayant persisté dans sa résolution, elle sortit de
Montauban avec toute sa maison, se rendit à Villemur, petite ville voisine, et raconta à M. Hardy,
ministre du lieu, et à quelques anciens qui la
vinrent visiter, tout ce qui s'était passé à Montauban ; l'autorité ecclésiastique de Villemur l'ad-
mit à la sainte Cène : « Et depuis, dit-elle, le

tout a été remis au synode qui doit se tenir à Montpellier ce mois de mai prochain, où je prie Dieu qu'il lui plaise assister cette compagnie par son saint Esprit. »

Dans la société religieuse comme dans la société civile, les libertés individuelles courent le risque des vexations locales : ce qui importe, c'est que, dans l'Église comme dans l'État, l'organisation générale et hiérarchique des pouvoirs assure, aux libertés individuelles ainsi compromises, un recours légal, un examen sérieux et un libre débat. Au milieu des passions populaires et des prétentions ecclésiastiques du seizième siècle, Mme de Mornay en appela fermement, dans l'Église réformée française, à cette garantie de son indépendance civile, et elle ne lui manqua point.

GUIZOT.

Val Richer, Août 1869.